AF331786

LES
PROPRIÉTAIRES SOLDÉS

ET LES
LOCATAIRES LIBÉRÉS
SANS CRISE

Solution nouvelle de la Question des Loyers

PAR

Le Dr PERTINAX

Prix : 15 Centimes

PARIS
6, RUE DU CROISSANT, 6
ET CHEZ TOUS LES LIBRAIRES

1871

LES
PROPRIÉTAIRES SOLDÉS

ET LES

LOCATAIRES LIBÉRÉS

SANS CRISE

Je ne crois pas que messieurs de l'Assemblée nationale aient pu penser que la dernière loi sur les loyers ferait la joie des locataires ; mais ce dont je suis bien sûr, c'est que la majorité de nos législateurs est intimement persuadée que, depuis la promulgation de ladite loi, tous les propriétaires parisiens , sans exception, lui votent des arcs de triomphe, au fond du cœur.

Je suis vraiment fâché de les troubler dans cette satisfaction d'auteur, mais il s'en faut de beaucoup que tous les propriétaires soient, comme on se l'imagine à Versailles, plongés dans le ravissement.

J'en sais un, pour ma part, mais un vrai, un sérieux, pas un propriétaire de bicoque ; il ne se contente pas, celui-là, d'avoir un modeste pignon sur rue, il a des faça-

1871

des, et de nombreuses façades. Eh bien ! ce marquis de Carabas de la propriété parisienne n'est pas content. Il reconnaît l'excellence des intentions de messieurs de la majorité, mais il n'est pas content. Il ne se gêne même pas pour proclamer qu'on a dépassé le but et qu'en voulant trop le protéger on le compromet. Il m'a dit, — parlant à ma personne, — qu'on faisait la part trop belle au propriétaire, et qu'on lui voulait garantir une rentrée bien prompte de ce qui lui est dû pour qu'elle soit bien sûre. Il demande — voyez l'original — qu'on lui impose un sacrifice. Il voudrait perdre quelque chose pour sauver le reste. Il paierait volontiers, fût-elle de 25 p. 100, une prime d'assurance qui lui garantît le recouvrement de ses loyers... et, si j'en crois le bruit public, les 25 p. 100 qu'il parle de jeter ainsi à la mer pour conjurer la mauvaise chance, constitueraient déjà à eux seuls un fort joli revenu.

Il a échafaudé, pour résoudre cette question des loyers en retard, tout un système ingénieux de conciliation qu'il m'exposait hier par le menu. La solution qu'il propose mérite d'être sérieusement étudiée. Saura-t-on tenir compte de ses idées, si l'on se décide à rapporter comme insuffisante la loi d'avril dernier ? Je voudrais l'espérer. Pour moi, j'ai promis de lui servir d'interprète. Je vais donc reproduire le plus exactement possible la conversation que nous avons eue sur ce sujet.

— Quand cette loi est venue en discussion, me disait-il, on était en pleine lutte. Aussi, la passion politique s'en est-elle mêlée par malheur. La plupart de nos honorables représentants, irrités contre les Parisiens, ont voulu par représailles, par défi presque, les traiter sévèrement. Cette loi est devenue une arme de guerre. On se battait contre la Commune sur le dos des locataires qui n'en pouvaient mais, comme les cochers de la légende qui se cassent mutuellement leurs fouets sur le dos... de leurs bourgeois. Et voyez l'injustice. Ce qu'il y avait de communeux parmi nos locataires est en route pour Versailles ou la Nouvelle-Calédonie. Que leur fait la sévérité de la loi ? Que leur importent nos exigences ? Ils ont bien d'autres chiens à peigner que leurs propriétaires. Tout au contraire, ce sont les gens paisibles, parfaitement victimes de la tempête du 18 mars, qui vont avoir à subir cette réglementation fort peu pitoyable.

— J'avoue que ce fut un grand tort de faire intervenir une politique d'animosité dans une question purement économique. On n'a pas tenu un compte suffisant de la suspension du travail pour tous, de l'absence de production, de l'interruption de la vie sociale. On n'a pas réfléchi qu'en somme, les locataires n'avaient pu jouir dans leur intégrité des avantages du contrat passé entre eux et les propriétaires. Enfin, Paris isolé de la province et de l'étranger, pendant cinq mois d'abord, puis de nouveau pendant deux mois et demi, méritait assurément qu'on lui accordât, pour se refaire, un crédit plus long.

— Vous l'avez dit : le crédit, tout est là. Je ne suis pas suspect dans la question. Elle me touche trop directement pour qu'on puisse m'accuser de partialité irréfléchie envers les locataires parisiens. Tout comme un autre, sinon autant que quelques-uns, j'ai besoin de mes revenus et je serais médiocrement flatté de tout perdre comme l'avait décrété cette bonne Commune, qui nous déclarait indignes de toucher l'argent de nos termes, s'inquiétant peu, d'ailleurs, avec son sens pratique des affaires, des moyens qui nous resteraient pour faire face à l'impôt foncier, remplir nos engagements, purger nos dettes hypothécaires ; mais bast! on nous supprimait alors bel et bien du concert social.

— Versailles, du moins, vous a fermement restitué vos droits.

— Là, nous tombons dans l'excès contraire. On nous arme en Croquemitaine, on nous fait presquer jouer un rôle féroce. Quand Shylock, la loi en main, exigeant l'exécution de son billet dans les termes, voulait couper à Antonio une livre de chair, ce n'était plus l'instinct de l'homme d'argent, le sentiment de son intérêt qui le conduisait; il n'y avait plus en lui ni commerçant, ni escompteur, ni banquier, rien qu'un juif vindicatif, fou de haine, avide de revanche, sacrifiant trois mille ducats avec ivresse, pour tuer d'un coup de couteau son ennemi et sa créance. Mauvaise école pour les gens d'affaires. Je ne veux pas dire qu'il soit venu à l'idée de messieurs de Versailles, de nous donner comme garantie suprême le droit de manger nos locataires, mais ils nous protègent tant et si bien, qu'ils ont fini par nous donner des sûretés aussi illusoires que celles du juif. Je sais bien que nous avons le droit d'être payés à bref délai ; mais ce beau droit, — si nos débiteurs ont l'escarcelle vide, point d'épargne et point de crédit, — ce beau droit nous permettra tout simplement de liquider nos pertes sèches, à bref délai.

— Mais on n'a pas fermé la porte aux conventions particulières qui ne peuvent manquer d'intervenir dans une foule de cas...

— Non, on n'a pas fermé la porte de la conciliation, mais on ne l'a laissée qu'entre-bâillée. On tolère bien que les propriétaires vraiment intelligents de leurs intérêts fassent l'abandon d'une partie de leur dû ou qu'ils consentent tel délai qu'il leur conviendra, s'ils trouvent des garantis suffisantes de bonne foi et d'honnêteté. Et il eût été beau, d'ailleurs, d'empêcher ces quelques braves gens d'agir selon leur conscience ! Mais les propriétaires conciliants, mais les locataires de bonne foi, parmi les gens en cause, cela forme-t-il la majorité ! Sûrement non. Le nombre des transactions à l'amiable, dues à l'initiative conciliante des parties, sera donc extrêmement restreint. D'autre part, vous savez comme moi qu'il ne peut manquer de se produire, sinon demain, sinon dans huit jours, du moins bientôt et toujours trop tôt, des exigences sans mesure qui causeront des ruines sans rémission, bien entendu si la loi reste ce qu'elle est. Or, la raison ne dit-elle pas que dans ces moments de terribles crises une loi doit d'abord viser les situations les plus délicates, s'inquiéter des parties les plus souffrantes ? L'a-t-on vraiment compris ? Dès lors qu'on avait droit de douter que le tempérament du propriétaire que l'on favorisait à outrance dût le porter à trouver de lui-même des atténuations à un texte sévère, il fallait chercher la solution du problème dans une conciliation légale des intérêts en jeu. Est-ce là ce qu'on a décrété ? Non, n'est-ce pas ? Et on arrive aujourd'hui en face de ce fait pénible, que beaucoup de créanciers armés de toutes les rigueurs de cette loi et se disant : J'ai le bon droit, j'ai la légalité, j'ai la magistrature, j'ai la force autoritaire, judiciaire, sociale, pour moi ! demanderont l'application littérale du texte en toute conscience, pousseront jusqu'à l'excès, dans son exécution, cet instrument incomplet... Si bien que les plaies, qu'il était de notre devoir à tous de panser et de guérir, se trouveront tout au contraire élargies et envenimées.

— Mais vous nous feriez regretter le fameux projet Mottu, qui remboursait en obligations de la Ville les propriétaires, en donnant quittance aux locataires.

— Eh ! eh ! il y avait quelque chose de bon dans ce projet. Seulement son radicalisme l'eût fait repousser par l'Assemblée de Versailles. Puis ses conséquences financières étaient vraiment trop considérables et engageaient au-delà de toute limite le crédit de la ville de Paris. Aussi n'aurait-on pas trouvé un préfet, un conseil municipal, n'importe quelle autorité dirigeante des affaires de la Ville qui voulût y souscrire. Mais entre le projet Mottu, qui obérait à l'excès les finances municipales, tout en donnant, je le reconnais, pleine satisfaction et aux propriétaires et aux locataires ; entre le décret communal qui sacrifiait les premiers aux seconds ; et la loi d'avril dernier qui livre, à peu près sans merci, le locataire à son créancier, ne voyez-vous pas un moyen terme ? Ne sentez-vous pas qu'à l'aide du crédit, on pourrait concilier tous ces intérêts contradictoires. C'est si simple, en vérité, que cela ressemble pour moi à l'œuf de Christophe Colomb. Il ne faut qu'y penser.

— Comment? Vous auriez trouvé une solution propre
à satisfaire à la fois et le locataire et le propriétaire et la
Ville et l'État et l'opinion ?

— C'est l'application de la plus élémentaire des lois
économiques. Que demande le propriétaire ? Ses revenus.
Que faut-il au locataire ? Du temps pour être en mesure
de remplir ses engagements. Si l'on dit au premier :
« Tu perdras 20 p. 100 sur ta dette, mais je te la garantis ; » si l'on dit au second : « Je t'accorde non pas une
année ou deux, mais dix ans pour te libérer, à condition
que tu paieras les frais de l'opération, » croyez-vous
qu'on rencontre beaucoup plus de gens qui récriminent
que de gens qui remercient ? Si maintenant on s'adresse
à la Ville et qu'on lui dise : « Toi seule, par ton crédit
puissant, par l'autorité de ta garantie, tu peux, sans qu'il
t'en coûte rien, ou presque rien, assurer l'amortissement
de la dette locative parisienne et guérir en dix jours les
plus vives blessures de ces dix mois ; » si on dit cela et
qu'on le prouve, croyez-vous qu'un administrateur émi-
nent comme le nouveau préfet de la Seine, qu'un homme
aussi pénétré qu'il l'est de la puissance réparatrice du
crédit puisse s'opposer à la conclusion d'un pacte si avan-
tageux ? Est-il supposable enfin, que M. Thiers, que l'Assemblée de Versailles méconnaissent l'état de souffrance
et de gêne où nous sommes jusqu'à refuser leur ratifica-
tion à ce traité de paix, à ce contrat de conciliation ?

— Assurément non. Mais le procédé pratique ?

— Le voici. La Ville n'a même pas besoin de faire l'o-
pération elle-même. Il y a là une série de combinaisons
d'assurance et d'amortissement qui sont essentiellement

du ressort des grandes compagnies financières. Aussi le Crédit foncier, déjà fort mêlé aux affaires de la ville, pourrait fort bien, ce me semble, se charger de diriger ces transactions. Le point de départ sera celui-ci: Tout propriétaire parisien, voulant jouir des avantages concédés par la loi nouvelle, devra faire, avant le 15 juillet prochain, l'énonciation par le détail de ce qui lui est dû, avec les noms de ses locataires débiteurs. Dans cette déclaration pourra être compris le terme de juillet, s'il y a présomption que le locataire ne se trouvera pas en mesure de l'acquitter. Même formalité pour le locataire qui devra reconnaître sa dette par écrit. Une fois ces déclarations recueillies, contrôlées et classées, on saura exactement le chiffre de la dette locative parisienne. La Ville, dûment autorisée par un vote de l'Assemblée, mettrait alors à la disposition du Crédit foncier, chargé de la répartition, la valeur représentative, en bons de sa caisse, de la somme due aux propriétaires. On stipulerait que ces bons de la Ville, négociables, cotés à la Bourse et produisant un intérêt à 3 p. 100, seraient remboursables, en vingt annuités, par voie de tirage au sort. Le Crédit foncier, armé de ces bons, convoque les propriétaires et les locataires. Voici d'abord Paul qui se présente avec ses débiteurs Pierre et Jean. Il est dû à Paul 5,000 fr., je suppose. Pierre reconnaît lui en devoir 3,000 et Jean 2,000. Le Crédit foncier dit à Paul : « Je me charge du recouvrement de cette dette, et j'achète ta créance moyennant un sacrifice de 20 p. 100. Tu réclames 5,000 fr. Les 20 p. 100 déduits c'est 4,000 fr. qui te reviennent. Les voici en bons de la ville de Paris que tu peux réaliser sur l'heure chez ton agent de change, ou dont tu toucheras l'intérêt à 3 p. 100, si tu aimes mieux attendre, en les gardant en portefeuille, le remboursement des tirages. »

— Puis se tournant vers Pierre et Jean, le Crédit foncier leur dit alors : « Vous devez à Paul, toi Pierre, 3,000 fr., toi Jean, 2,000. Mais Paul, pressé d'argent, n'aurait pu attendre le moment où vous auriez rétabli vos affaires compromises, ni vous donner le temps nécessaire pour vous acquitter, il vous eût sans doute poursuivis, ruinés peut-être. Je prends sa place et je vous accorde à chacun dix ans pour vous libérer envers moi. Seulement, de votre côté, comme Paul du sien, vous ferez l'un et l'autre un sacrifice qui servira à me couvrir de mes frais, à me récompenser de mes peines, et me permettra de payer ceux de mes employés qui vont travailler pour vous. Ta dette se monte à 3,000 fr. Pierre, tu vas me signer quarante coupures de 90 fr. chacune, à échéance de trimestre en trimestre, à partir du 30 septembre prochain, ce qui portera le total de ta dette à 3,600 fr. Toi, Jean, tu es en retard de 2,000 fr. Comme ton voisin, tu vas me souscrire en quarante coupures une somme de 2,400 fr. Soit chacune de 60 fr. Vous payez de la sorte 20 p. 100 pour frais d'amortissement, mais, grâce à ce sacrifice, votre dette va s'éteindre lentement, sans vous écraser, sans nuire par ses exigences à la reprise fructueuse de vos travaux interrompus. »

Acceptez-vous cette combinaison comme équitable et sensée ?

— Parfaitement. Mais comment dégagez-vous la Ville ?

— Très facilement. Vous voyez que le Crédit foncier,

ou tout autre établissement financier qui se chargerait de l'opération — est nanti des titres signés par les locataires débiteurs. Tous les trois mois il aura donc à verser entre les mains du trésorier municipal le produit de son encaisse, déduction faite de ses frais de courtage et des bénéfices à lui concédés. Vous avez vu d'autre part que la Ville ne rembourse chaque année, par voie de tirage au sort, qu'un vingtième des bons remis aux propriétaires. Si donc, dans le même espace de douze mois, elle opère la rentrée d'un dixième de la dette totale, elle se trouvera non-seulement toujours en mesure de faire face à ses engagements, mais au bout de la dixième année elle aura encore dix ans de crédit devant elle pour payer ce qu'elle aura intégralement reçu.

— Oui, s'il n'y avait des non-valeurs.

— Il y en aura assurément. C'est ce qu'il faut toujours prévoir. L'opération se soldera pour la Ville après vingt annuités par un débours de quelques millions peut-être. Mais comptez-vous pour rien l'impulsion que ce crédit opportun pourrait donner en quelques semaines à l'activité des Parisiens ? Ne voyez-vous pas que ces gens qu'on aura tirés d'une situation difficile, reprendront du cœur au travail, et feront tous leurs efforts pour se relever ? N'est-il pas évident, enfin, qu'ils resteront, pour la plupart des Parisiens, producteurs et consommateurs, au lieu de s'enfuir pour cacher leur ruine dans quelque province éloignée ? De plus, vous avez dû remarquer, si je me suis expliqué clairement, qu'il existe un écart de 40 p. 100 entre la somme remise en bons de la Ville aux propriétaires, et les engagements pris par les locataires, ainsi qu'un écart de dix ans entre la rentrée du capital et l'amortissement des bons. Ces quarante pour cent, ce délai doivent, à mon avis, sauf examen, amplement suffire pour assurer l'excellence de l'opération. On doit retrouver là et le paiement des frais et le remboursement des bons, intérêts et capital, et les bénéfices dus à la banque intermédiaire, et par-dessus tout cela, comme reliquat, une somme encore a-sez forte pour couvrir le déficit des impayés, fût-il, comme je le disais tout à l'heure, de plusieurs millions.

— Très bien. Vous avez réponse à tout. Mais s'il se trouve des grincheux qui refusent de sacrifier un centime ?

— C'est affaire à la loi. En formulant la transaction que je propose, on devra stipuler évidemment des garanties pour les locataires de bonne foi. D'ailleurs ils cessent d'avoir affaire à leurs propriétaires. Ils deviennent les débiteurs de la Ville qui paie pour eux. En les dégageant elle les protége. Mais quel est le propriétaire qui ne s'estimerait heureux et favorisé de ne perdre que 20 p. 100 sur ses revenus d'une pareille année. Donc, ne nous inquiétons pas des grincheux qui ne sauraient empêcher une bonne loi d'avoir son plein effet.

Ainsi parla ce modèle des propriétaires, et, pour ma part, je trouve qu'il parla d'or.

Dr PERTINAX.

Juin 1871.

Paris. — Imprimerie Alcan-Levy, rue de Lafayette, 61.